N° 182.

HENRI FERRAND

L'ACADÉMIE DELPHINALE

AU

CONGRÈS DE VERCEIL

(21-30 septembre 1910)

IMPRESSIONS DE VENISE

GRENOBLE

TYPOGRAPHIE ET LITHOGRAPHIE ALLIER FRÈRES

26, cours de Saint-André, 26

L'ACADÉMIE DELPHINALE

AU CONGRÈS DE VERCEIL

(21-30 septembre 1910)

IMPRESSIONS DE VENISE

Extrait du *Bulletin de l'Académie Delphinale*, 5ᵉ série, t. IV.

Henri FERRAND

L'ACADÉMIE DELPHINALE

AU

CONGRÈS DE VERCEIL

(21-30 septembre 1910)

IMPRESSIONS DE VENISE

GRENOBLE

TYPOGRAPHIE ET LITHOGRAPHIE ALLIER FRÈRES

26, cours de Saint-André, 26

—

1911

L'ACADÉMIE DELPHINALE

AU CONGRÈS DE VERCEIL

(21-30 septembre 1910)

IMPRESSIONS DE VENISE

Il y a déjà quelques années que l'activité bienfaisante de son président d'alors, M. Fournier, avait fait entrer l'Académie Delphinale en relations avec la *Societa Storica Subalpina*. Cette société, qui s'attache avec un fécond dévouement à la publication des riches archives du Piémont, réunit chaque année ses adhérents en un Congrès qui prend pour siège tour à tour les anciennes cités des États Sardes. Après Voghera (1908), après Novi (1909), le XIIIe Congrès se réunissait cette année à Verceil, et une invitation à y prendre part était adressée à notre Société avec toute la chaude courtoisie italienne. M. le professeur Carlo Patrucco, secrétaire du Congrès, poussait l'amabilité jusqu'à réserver dans l'ordre du jour des séances une place pour les communications de l'Académie Delphinale, et il nous parut qu'une lettre, si chaleureuse fût-elle, répondrait mal à ces prévenances. Après avoir vainement cherché parmi nos collègues un délégué de bonne volonté, nous nous décidâmes à nous déléguer nous-même, et c'est ainsi que l'Académie, en la synthèse de son président, envoya son adhésion au Congrès de Verceil : c'est ainsi que je fus pris dans l'engrenage qui devait..., mais n'anticipons pas.

Une fois la décision arrêtée, l'exécution, grâce aux progrès de la mécanique, fut prompte et rapide. De nos jours on change aisément de climat. Quittant Grenoble à 6 heures du matin, au milieu de la pluie et des brumes qui nous accompagnèrent jusqu'à Modane, nous atteignions à 4 heures de l'après-midi la gare de Verceil sous les rayons d'un soleil réjouissant.

Sous ces estivales clartés, la présentation de la vieille ville sarde était des plus engageantes. La gare donne sur un assez vaste jardin public, où des statues de marbre et de bronze (Garibaldi et le Semeur) tranchent agréablement sur la verdure. A droite un large cours, ombragé de quatre rangées d'arbres, le cours Garibaldi, donne accès aux principales artères de la ville ; en face les clochers et les tours de la belle église de Saint-André se découpent hardiment sur l'azur.

Deux hôtels principaux, les Trois Rois et le Lion d'Or, se sont partagé les congressistes. Échu ou échoué aux Trois Rois, je puis me faire immédiatement une idée des ressources de la localité. Située au milieu de la plantureuse plaine du Pô, entourée de rizières et de cultures, Verceil est surtout un centre agricole. Attirés par les grandes villes où l'art abonde, les touristes exigeants ne s'y arrêtent pas : ses voyageurs habituels sont les cultivateurs qui fréquentent ses importants marchés ou viennent y faire emplette de machines aratoires, gens peu exigeants et à l'estomac robuste. Les hôtels de Saint-Marcellin peuvent donner une idée du confort des *alberyi* de Verceil, mais non de leur cuisine, car à Saint-Marcellin on mange bien. La place principale, dénommée Cavour comme bien on pense, et ornée d'une statue de l'homme d'État, est entourée d'arcades basses, noires, mal odorantes. Les boutiques qui s'ouvrent sur ces arcades étant d'une obscurité peu pratique, les marchandises sont plutôt débitées en plein vent, sur des étalages de fortune dressés entre le passage des promeneurs et la place. Ce n'est que dans la rue principale, dite maintenant le *corso Carlo Alberto*, que l'on trouve quelques magasins dignes d'une ville de cette importance.

Il est à peine besoin de dire que, dans cette ville endormie, le Congrès est un événement. Il est magnifiquement reçu à l'Hôtel de Ville (*Municipio*) et luxueusement installé dans la salle du Conseil municipal. Sergents de ville, pompiers en uniforme, domestiques galonnés, font la haie sur l'escalier, garni de plantes vertes, qui y conduit. La vaste salle est pleine et le Congrès réunit plus de cent vingt participants.

Nos savants voisins ne sont point blasés comme nous, et ils ne professent pas notre ordinaire sans-gêne. Pour un habitué des Congrès des Sociétés savantes, c'est un spectacle bien étonnant que celui d'une assemblée où tous les congressistes se croient obligés d'être présents, d'écouter avec attention et silence les communications des orateurs, de les discuter et de les compléter. Outre la séance solennelle d'inauguration et la séance de clôture, dont l'une fut longue et l'autre brève, le Congrès tint cinq séances de trois à quatre heures chacune et donna un bel exemple de travail.

Les recherches locales devaient nécessairement y prendre une grande importance, ainsi que les travaux de la Société.

Sur ce dernier point, M. le professeur Gabotto, président actuel, présente un rapport nourri et détaille les intelligentes mesures prises pour assurer la reproduction des documents historiques et pour donner une plus grande importance au *Bulletin*.

Les communications locales, étudiées avec le plus grand soin, portent sur l'origine du nom de Verceil, sur les limites de l'ancien évêché de Verceil et ses relations avec celui de Novare, sur la cathédrale de Verceil, sur sa fondation que l'on attribue communément à tort à saint Eusèbe, etc.

Une question relative aux guerres du premier Empire qui se déroulèrent dans la région avoisinante nous parut particulièrement intéressante et fut traitée avec une abondance de détails tout à fait convaincante. On dit communément que le général Desaix, frappé à mort à Marengo, mourut sur le champ de bataille. Il résulte de documents certains que c'est là une erreur, que le général, grièvement blessé, fut transporté à Torre Garafoli, dans une habitation privée où il fut l'objet de soins empressés, mais où il succomba des suites de sa blessure. La reconnaissance du général en chef s'exerça largement et pendant longtemps en faveur des hôtes de celui qui lui avait donné la victoire.

Dans une controverse sur la toponomastique régionale, votre délégué crut devoir intervenir et soumit aux réflexions des congressistes trois noms de cimes internationales dont l'origine n'est point établie d'une façon certaine : la Galise, la Levanna et le Mont Thabor.

Dans un ordre d'idées plus général, une discussion soutenue s'engagea sur l'enseignement de l'histoire de l'art dans les établissements d'instruction publique, et aussi sur le mode de recrutement de l'Académie. Puis le Congrès s'occupa, par la voix de plusieurs orateurs, du sort des archives privées. Scandalisé de ce que des familles, possédant de précieux documents, refusent de les livrer aux investigations des chercheurs qui veulent rénover l'histoire, un zélé professeur soutint avec énergie la nécessité d'une nouvelle loi qui vaincrait cette résistance. Le respect de la propriété privée, l'inviolabilité du domicile, le souci de la mémoire des morts eurent aussi d'éloquents défenseurs, et la solution fut ajournée à un prochain Congrès.

Des questions de numismatique, d'interprétation d'inscriptions antiques, etc., furent aussi abordées, et je terminerai ce rapide aperçu des travaux du Congrès en vous disant que votre représentant lui exposa l'opportunite de fouilles à entreprendre pour déterminer le col des Alpes par lequel s'effectua le passage de l'armée d'Annibal, avec un court rappel des opinions en présence.

A l'issue de la cinquième séance, les congressistes firent, sous la direction de guides autorisés, la visite du musée Leone, collection splendide dont la ville de Verceil vient d'être gratifiée par un généreux testateur qui lui laissait en même temps l'artistique palais dans lequel elle est installée et une somme d'un demi-million pour pourvoir à son entretien. Les pièces conservées dans ce

(*)

musée sont de toutes sortes : les plus riches nous ont paru une collection d'armures et d'armes tant de défense que de jet, ainsi que celle, considérable, de toutes les anciennes impressions de Verceil.

Il avait été question d'excursions archéologiques qui devaient suivre le Congrès ; mais il avait déjà duré long-temps, les participants étaient pressés de retourner à leurs affaires ou à leurs plaisirs, et elles furent supprimées d'un commun accord.

Nous en étions à l'après-midi du 24 septembre, et la clôture du Congrès était à peine prononcée que la gare de Verceil était prise d'assaut par une foule enfiévrée se ruant vers Milan où allait s'ouvrir la semaine d'aviation. Il était inutile de résister, et suivant le mouvement général, deux heures après, nous débarquions dans l'ancienne capitale de la Lombardie.

Milan, la ville cosmopolite par excellence, présente en tout temps une animation extraordinaire. Mais il est difficile de se faire une idée de la confusion qui y régnait dans cette soirée du 24 septembre : les journaux italiens qui avaient toute la semaine parlé de la traversée des Alpes et qui venaient de consacrer des pages aussi nombreuses que vibrantes à l'exploit puis à la chute de Chavez, avaient surexcité la curiosité générale, et les hôtels étaient bondés. Après deux tentatives infructueuses, j'envisageais la pénible nécessité de bivouaquer dans un tramway, quand on m'offrit, dernière ressource, comme logement une salle de bains. Comptant peut-être sur d'amusantes péripéties, j'acceptai, et j'eus bientôt sur deux tréteaux un matelas allongé auprès de la baignoire vide : le confortable hôtel de France trouvait moyen de me faire regretter la primitive hospitalité des Trois Rois !

L'exhibition d'aviation de Milan — car vous me permettrez de ne pas employer le mot étranger de meeting, qui du reste semble en pareille occurrence singulièrement détourné de son sens, — l'exhibition d'aviation, dis-je, aida peut-être au perfectionnement de ce nouveau sport. Elle eut du moins le bonheur de n'être attristée par aucune chute, et elle procura une occasion de sérieux bénéfices aux hôteliers qui n'hésitèrent point à doubler pour la circonstance leurs prix ordinaires. Comme l'aérodrome était situé à une huitaine de kilomètres de la ville, tout proche d'une ligne de tramways, des mesures spéciales et assez heureuses avaient été prises pour faciliter les transports, et les curieux furent d'autre part assez satisfaits, car la continuation du beau temps permit aux concurrents de très nombreux départs ; il y avait toujours au moins un appareil dans les airs. Le clou, la partie la plus intéressante de cette manifestation fut le concours de vol autour de la flèche du Dôme, et c'est merveille que dans cet enchevêtrement de biplans et de monoplans il ne soit arrivé aucun accident.

Mais pour un simple curieux, qui n'est point au courant des différences de moteurs, de la forme des ailes ou de la résistance des engins, le spectacle devient bien vite assez monotone, d'autant plus qu'à prolonger son admiration on risque de gagner un torticolis. Laissant donc à la continuation de leur joie les exubérants Milanais, je pensai que l'occasion était propice pour aller donner un coup d'œil à la « Reine de l'Adriatique ».

Mon intention n'est point d'écrire à votre usage le deux ou trois millième « Voyage à Venise », et quelques considérations générales sur la facilité des déplacements à notre époque sont seules à en retenir. Parti de Milan à

7 h. 40 du matin, je jouissais bientôt, de ma commode place de wagon, de l'admirable panorama du lac de Garde. Sous la caresse de la lumière du matin, les eaux bleues du lac semblaient s'animer pour former un piédestal mouvant aux cimes lointaines qu'estompait une légère brume. De Desenzano à Peschiera, le lac, coupé de la gracieuse presqu'île de Sirmione, se développe dans toute sa beauté. Un coup d'œil en passant aux fortifications de Peschiera et bientôt ce sont celles plus importantes de Vérone qui attirent les regards. Le chemin de fer décrit une boucle autour de la partie méridionale de la ville et, à 10 heures, je descendais à la gare de la Porta Vescovo.

Un tramway électrique qui part de la cour même de la gare épargne le trajet sur la route poudreuse, et en quelques minutes on se trouve au cœur de l'antique cité. Avide de tout voir, sans pouvoir donner le temps nécessaire à l'examen de chaque chose, je battis fiévreusement pendant six heures le pavé de Vérone, profitant de la splendide lumière pour entasser clichés sur clichés, et je vis défiler devant mes yeux les Arènes, le *Municipio*, la sombre *Porta dei Borsari*, la curieuse place des Herbes avec sa colonne et sa tribune, la *casa dei Mercanti*, puis la place *dei Signori*, les tombeaux des Scaliger, la *Loggia*, etc. Sainte Anastasie nous retient quelques instants, surtout la cathédrale et son magnifique portail, puis le cloître de San Giovanni ; les beaux quais de l'Adige offrent une gracieuse perspective au pied du coteau qui porte le château Saint-Pierre, puis le vieux château (*Castello Vecchio*) et son pont étrange nous amène à *S. Zeno Maggiore*. Au cours de ce trajet, il faut donner une mention à une très ancienne application de notre nouvelle

Houille Blanche : ce sont les vieux moulins flottants installés sur l'Adige avec leurs primitives roues à aubes. Le coup d'œil de ces pontons trapus est assez amusant. Un saut dans le tramway et nous voilà ramené à la gare assez à temps pour prendre place dans le train de 4 h. 20 qui nous emporte au travers de la plantureuse campagne vénitienne. Très curieux le trajet sur cet interminable pont, au milieu des eaux de la lagune, qui réunit la gare de Mestre à celle de Venise. Ce pont de plus de 3 kilomètres est bien commode et il est certainement agréable d'arriver confortablement sur les coussins du wagon à l'île fortunée qui porte Venise, mais il semble que cela coupe un peu les ailes à l'idéal, et sans être trop fanatique de la couleur locale et des vieux rêves, on ne peut s'empêcher de penser qu'il joue le rôle d'un fil à la patte, d'une chaine au glorieux lion de Saint-Marc.

La nuit était venue quand nous sortions de la gare; sous les feux de la lumière électrique, avec les fanaux des bateaux à vapeur, les lanternes des gondoles qui se croisent pareilles à des lucioles, le spectacle du Grand Canal était féerique. La beauté s'éclipsa quand il fallut prendre un sombre petit canal pour arriver à l'hôtel, et l'un des pires ennuis de Venise, l'odeur désagréable de l'eau croupie, vint péniblement affecter nos narines. Mais une heure après sur la place Saint-Marc nous savourions l'inépuisable enchantement de ce climat merveilleux.

Muni d'un bon plan et de cette qualité dauphinoise que nous appelons la ténacité et qui pour d'autres serait peut-être de l'entêtement, nous nous familiarisâmes bien vite avec le système compliqué des 2.480 *vici* ou *vicoli* dont le réseau forme la viabilité de Venise concurremment avec ses 157 canaux. La poésie et la paresse s'accommodent beaucoup plus volontiers de l'usage des gondoles, mais pour la liberté, l'indépendance si chère au cœur du montagnard, rien ne vaut la marche à pied. Et à Venise, bonheur dont nous n'avons plus d'idée dans notre vie actuelle, on n'a pas besoin de prendre garde aux voitures ! Ce n'est pas à dire pour cela que nous ayons pratiqué un obstiné dédain pour le mode de transport si usuel du pays. Ne fût-ce que pour en observer les mœurs, il était nécessaire de prendre contact avec le peuple des gondoliers, et ma jumelle bien souvent se fixa sur la silhouette robuste et élégante de ces indigènes.

On dirait un peuple à part, une race conquérante et dominatrice. La fière allure de ces gondoliers, l'aisance de leurs mouvements, la noblesse de leurs attitudes semblent descendre en droite ligne de ces héros condottiere dont le Coleone est le superbe type. Le peuple ordinaire de Venise, l'ouvrier, le marchand, le citoyen, n'a pas cet aspect et beaucoup de ses représentants ont le facies malingre et souffreteux qui concorde avec l'habitat au fond de ces étroites fissures, ruelles ou canaux où le soleil ne pénètre pas, tandis que la vie au grand air et les émanations salines ont fait les muscles des gondoliers.

Peut-être le hasard me servit assez mal ; mais dans mes pérégrinations je ne pus rien voir qui me rappelât ces triomphantes beautés qu'ont immortalisées les pinceaux de la belle époque : les toisons rutilantes du Titien ont disparu et toutes les femmes autochtones circulent dans les rues en cheveux bruns assez abondants, relevés sans parure sur le haut de la tête, avec un long châle noir assez gracieusement porté mais peu flatteur. Elles circulent par deux ou trois, d'un pas assez rapide, rappelant, moins l'élégance de la tournure et l'art de se parer avec un rien, l'allure des petites ouvrières de Paris. J'ai vu de jolies femmes, mais c'étaient des étrangères, et j'en suis venu à me dire que c'était peut-être à Venise pour la jolie femme comme pour l'honnête homme dans certaine de nos contrées que je ne préciserai pas : pour en trouver, il faut les amener.

Mais ce qui m'a benoitement charmé, ce sont les pigeons, les fameux pigeons de Saint-Marc, les féliches de la cité. Point n'est besoin pour eux d'un charmeur spécial, comme pour les moineaux des Tuileries. Quiconque est pourvu de grain de maïs, — et on en achète des cornets à un industriel avisé qui se tient sur la place, — devient un ami, un perchoir familier. Vous voyez par dizaines les étrangers, debout sur la place, le bras étendu et la main ouverte pleine de grains, couverts par les gracieux volatiles. Partageant la distraction ordinaire, j'en avais un perché sur chaque doigt, d'autres sur mon bras, sur mes épaules, sur mon chapeau. Par une spéciale reconnaissance, ils prennent, mais ne restituent pas.

Une des curiosités qui me frappa fut la magnifique entente qui règne dans le peuple pour l'exploitation... non, le mot est trop fort et dépasse ma pensée, pour tirer profit de l'étranger. Le gondolier, lui, est un aristocrate, Il traite d'égal à égal avec le voyageur, mais il laisse toujours des sous-entendus dont le champ appartient à ses parasites. Quand vous arrivez à une station, vous voyez les gondoliers ou sur leur barque ou réunis à quai dans un de ces palabres perpétuels dont se réjouissent les peuples méridionaux. Auprès d'eux, couchés par terre ou accroupis dans un coin sont d'autres hommes au maintien moins fier, des sous-ordre évidemment. Quand vous voulez monter en gondole et que l'artiste a rangé son embarcation auprès du quai, c'est un de ces parasites qui, avec un court bâton muni d'un crochet, retiendra la gondole pour vous faciliter l'enjambée, qui vous présentera la main pour vous servir de point d'appui et qui, avec un geste précis et rapide de prestidigitateur, vous tendra le chapeau pour solliciter la « bona mane ». A l'arrivée la scène est la même et à chaque station de votre promenade, vous avez, en dehors du prix convenu avec le gondolier, à satisfaire cet « ouvreur de portières ». La « bona mane », dans ce beau pays où la douceur du climat fait se contenter de peu et incite à travailler le moins possible, c'est la ressource, le moyen d'existence d'une bonne partie de la population. Modique avec les petits, un peu plus forte avec les employés, mais générale, indispensable, c'est l'huile qui graisse tous les rouages, l'aide qui aplanit toutes les difficultés, et il est peu de fonctionnaires dans le budget duquel elle ne tienne une honorable place. Grâce à la « bona mane » vous voyez ce que vous ne pourriez pas voir, vous faites ce qui est *vetito*, vos billets se timbrent tout seuls, vos bagages se transportent et toutes les commodités de séjour s'offrent comme par enchantement. La « bona mane » est une institution bien supérieure à notre national pourboire.

Les précieuses observations de Daudet sur les peuples méridionaux, si bien déduites dans son Tartarin, se retrouvent ici sur nature. La langue des gondoliers est riche, plus riche sans conteste et plus énergique que celle de nos cochers de fiacre. A une compétition quelconque, à une rencontre de gondole, à une esquisse de fausse manœuvre, éclatent de ces disputes dont l'intonation, à défaut du sens qui vous échappe le plus souvent, vous fait frémir. Ils vont se tuer ! ils vont se manger ! Pas du tout ; c'est à peine s'il y a eu l'essai d'un geste menaçant, tout se passe... en conversation et l'orage s'apaise sans que la foudre soit tombée. Véritables héros d'Homère, Grecs au petit pied, les gondoliers en querelle font beaucoup de bruit mais peu d'effet.

Ce qu'il faut cependant reconnaître en eux, c'est l'inimaginable adresse avec laquelle ils dirigent leur véhicule. Les canaux se croisent la plupart du temps à angle droit : beaucoup sont très étroits et l'on ne comprend guère à première vue comment une gondole peut y virer, car si elles sont étroites, elles sont fort longues. Et quand une rencontre a lieu dans ces passages, on s'attend à une immanquable collision, à un bain tout au moins désagréable ! Il n'en est rien : avec une tempête de cris, mais avec des mouvements d'une incomparable précision, tout cela vire, glisse, se frôle, mais ne se heurte jamais.

Je n'ai pas la compétence de notre collègue Reymond pour vous parler des splendides monuments ou des innombrables œuvres d'art qui attirent à la ville des doges l'afflux incessant des étrangers, mais je ne puis vous taire le sentiment de tristesse, de déchéance que l'on éprouve à voir, sur le Grand Canal notamment, ces vastes palais, ces splendides demeures qui ont abrité les plus grands noms de l'aristocratie vénitienne, mal entretenus, dégradés, offerts à la location ou qui pis est envahis par les hôtels ou par les marchands d'antiquités et de verreries. C'est là l'ombre, l'ombre douloureuse au magique tableau de Venise,

Pour moi, la merveille de Venise, c'est le quai des Esclavons. Baigné par une lumière à l'éclat oriental, caressé par la brise rafraîchissante de la lagune qui n'a pas là les brutalités de la mer, je le trouve bien supérieur à la si vantée place Saint-Marc. Affaire de tournure d'esprit, de prédisposition mentale, c'est possible, peut-être même d'incomplète éducation artistique : à la contemplation de l'imposante façade de Saint-Marc, je préférais la vue du large avec la silhouette du Lido et celle de Saint-Georges-le-Majeur. Pour un séjour prolongé à Venise, c'est aux hôtels du quai des Esclavons qu'il faut aller loger, car là on a la vue, le soleil et l'espace et on est à l'abri de l'odeur des canaux.

Le Lido, le beau Lido, l'île d'amour des Vénitiennes ! Faut-il croire que c'était, comme tant d'autres choses, un rêve, un mythe des poètes qui bercent l'humanité de leurs consolantes fictions, ou bien que sa beauté d'antan lui a été ravie par le progrès. A cette île longue et étroite qui forme comme un cordon littoral protecteur de Venise, on se rend maintenant en quelques minutes et pour dix centimes par le bateau à vapeur. Au débarcadère, on retrouve ce cauchemar dont on était affranchi à Venise, le tramway électrique. Entre deux immenses hôtels d'une vulgarité désespérante, une large avenue avec de vastes trottoirs et des poteaux, de hideux poteaux, soutenant les fils, traverse en droite ligne l'étroitesse de l'île et vous amène à la face extérieure, à la plage. Là, deux à trois mille cabines, toutes exactement anguleuses et semblables, s'alignent sur trois ou quatre rangs avec une rectitude désespérante. La plage de sable très fin et doux au pied, s'allonge vers le Midi. Elle est imperturbablement accompagnée d'une chaussée droite, blanche, aveuglante,

le long de laquelle s'alignent les poteaux du tramway per-
sécuteur, entremêlés de manches à balais fraichement
plantés qui seront peut-être un jour une allée de beaux
arbres, si Dieu leur prête vie. Et au bout de cette géomé-
trie, une construction cyclopéenne et laide, l'Excelsior
hôtel, qui encombre, qui salit de ses cinq étages le ciel et
le paysage! Au milieu de tout cela une abondante floraison
son de rastaquouères, revêtus des horribles modes
actuelles, les ulsters verdâtres et les immenses chapeaux
rouges..... Le tramway et le bateau à vapeur servent du
moins à quelque chose, à fuir au plus vite le Lido dépoé-
tisé et désenchanteur, et il reste encore une sensation
compensatrice, c'est au retour, le délicieux panorama de
Venise vu de la lagune.

De grandes facilités d'accès à Venise avaient été of-
fertes cette année aux voyageurs sous le prétexte d'une
exposition internationale de peinture. Puisque mon billet
de parcours en comportait l'entrée, il fallait bien y aller
voir, et comme les bâtiments de l'Exposition étaient installés dans les ravissants Jardins Publics et que les
bâteaux du Lido y faisaient escale, ce n'était ni un retard
ni une peine de s'y rendre. Ah! les Jardins Publics! oui,
ils sont merveilleux. Il y a surtout des cèdres d'une puis-
sance de végétation inconnue chez nous. Les bâtiments
permanents de l'Exposition sont bien placés, pas trop
grands, suffisamment bien conçus pour ne rien déparer.
Il y a un pavillon belge, un pavillon britannique, un pavillon allemand bavarois, un pavillon hongrois et le grand
pavillon italien Pro Arte. Exception faite pour le pavillon
britannique où la peinture généralement mélancolique
est raisonnable et bâtie sur dessin, les kilomètres de toile
peinte qui se déroulent sous ces abris nous font une

impression désastreuse. Voir ce modernisme échevelé quand on sort de contempler les chefs-d'œuvre de l'Académie, du Palais des Doges ou des églises de Venise, fait l'effet d'une profanation. J'aurais mieux fait de me contenter des jardins. De ce beau pavillon Pro Arte, je n'ai conservé qu'un souvenir agréable : c'est celui de la galerie postérieure qui donnait sur la mer, avec la vision lointaine de Murano.

Et c'est ainsi que Venise, la belle Venise, nous inspirait parfois des réflexions philosophiques. Les goûts changent avec le temps, l'esprit des peuples se modifie au cours des siècles : c'est une évolution que l'on appelle le progrès, mais qui n'est pas toujours un perfectionnement. A leur époque, certes, on prisait les œuvres si nombreuses et si abondantes du Titien, du Tintoret, du Véronèse, etc.; mais on n'avait cependant pas pour elles le culte religieux et prodigue que nous professons aujourd'hui. Qui sait si dans quelques siècles ces produits de l'impressionisme qui nous révoltent à présent ne seront pas l'objet de la vénération des foules futures? L'abus des lumières artificielles, la fatigue des yeux résultant de la vitesse de translation des automobiles et bientôt des aéroplanes, d'autres facteurs imprévus encore, n'en arriveront-ils pas à déformer la vision de nos arrière-petits-fils au point de leur faire trouver charmantes ces masses imprécises et heurtées de coloris discordants qui constituent les neuf dixièmes de la peinture moderne? Ces hurleurs sont-ils des précurseurs? et en somme le sens de la beauté ne se résume-t-il pas en une construction de la rétine?

Tout en philosophant ainsi, j'entassais clichés sur clichés de la vision magique que me ménageait un ciel sans nuages. Les véritables beautés sont congruentes non seulement avec leur cadre, mais avec leur lumière. J'ai vu Bruges par le soleil et n'en ai ressenti qu'une médiocre impression : elle est faite pour la brume. Au contraire, Venise est faite pour la lumière et j'en ai joui pleinement. Mon plaisir n'a pas même été tempéré par une incommodité si souvent signalée : les moustiques, les fameux « zinzari » ne m'ont été rappelés que par le moustiquaire dont, par amour de la couleur locale, l'hôtel avait entouré mon lit.

Mais le temps s'écoulait et il fallait revenir. Par une dernière attention de ce pays délicieux, le matin de mon départ un brouillard épais couvrait la ville et m'enlevait tout regret. Cette fois la navigation du Grand Canal me rappela celle de la Tamise, et sur le fameux pont je ne pus donner un dernier coup d'œil à l'eau bleue de la lagune.

Entre deux trains je voulais encore m'arrêter à Padoue. O fortune ! comme je mettais le pied sur le quai de la gare, la brume, qui m'avait accompagné jusqu'alors, se déchira et ce fut sous le même soleil qui m'avait réjoui durant tout mon séjour, que m'apparut la ville du Saint. Padoue est une ville d'art raffiné, comme toutes ces villes de la bienheureuse Italie, on y admire les fresques symboliques du Giotto à la *Madonna dell' Arena*, on y savoure celles de Mantegna à la chapelle Saint-Jacques des *Eremitani*, la fameuse statue de Gattamelata, la *Loggia del Consiglio*, le Palais du Municipe et celui du *Salone*, attirent nos regards, mais pour les habitants tout cela n'est rien auprès de l'église Saint-Antoine que l'on appelle tout simplement *Il Santo*. L'intérieur de l'église est d'une richesse inouïe de décoration, et la visite détaillée en prendrait plus d'un jour. Nous dûmes nous contenter d'une rapide promenade qui de l'église nous conduisit aux cloîtres attenants. Les deux premiers étaient mélancoliques par leur solitude, le troisième nous réservait un spectacle d'une tristesse plus poignante encore.

Deux à trois cents loqueteux, émaciés, misérables s'y entassaient. Tous avaient à la main un récipient quelconque, vieille cuvette ébréchée, seau bosselé, boîte de conserve. Tout à coup une porte s'ouvrit, un frère de Saint-Antoine en robe brune apparut, suivi de deux manœuvres portant une énorme marmite, et la distribution commença avec une large cuillère : chaque miséreux recevait sa ration et se hâtait de l'engloutir avec une voracité qui dénotait la faim. Pauvres, pauvres gens! qui n'avaient peut-être d'autre ressource que cette aumône en nature Cela seul justifierait la vénération dont est entouré le monastère !

En revenant à la gare, je franchissais un canal, et en me retournant au-dessus des verdures de ses rives, je voyais s'élancer vers le ciel les clochers et les dômes de la magnifique église, tableau grandiose et reposant à la fois qui élevait l'âme et réjouissait les yeux. C'est sur cette vision gracieuse, plutôt que sur l'anguleuse statue de Mazzini, que je terminais ma visite de Padoue et mon voyage en Vénétie. Emporté par la vapeur, je brûlais Milan et Turin, et je retrouvais à Modane les intempéries que j'y avais laissées. A la dernière minute du dernier jour de septembre, délai ultime de mon billet de parcours, je réintégrais mes pénates, plein de reconnaissance envers le Congrès de Verceil pour le charmant voyage dont il avait été le prétexte et l'objet.